VRAI POINT DE VUE

DES

AFFAIRES D'ORIENT

Nouveaux aperçus. — Explications complètes.

PAR M. CADIOT,

ANCIEN SOUS-PRÉFET.

DEUXIÈME ÉDITION.

PARIS,

PAULIN, ÉDITEUR,

VRAI POINT DE VUE

DES

AFFAIRES D'ORIENT

Nouveaux aperçus. — Explications complètes.

PAR M. CADIOT,

ANCIEN SOUS-PRÉFET.

DEUXIÈME ÉDITION.

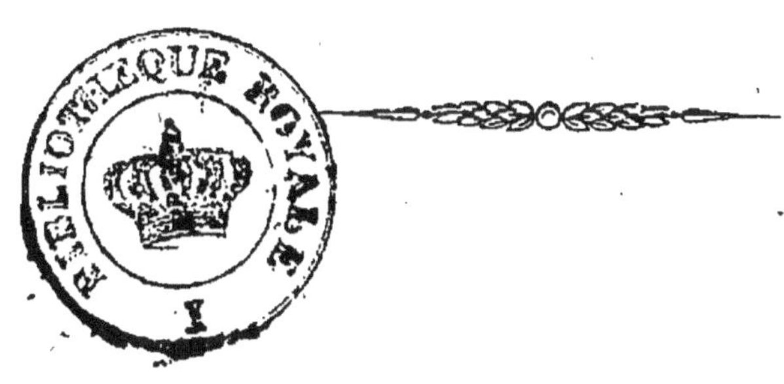

PARIS,

PAULIN, ÉDITEUR,
33, rue de Seine.

1840

PARIS. — IMPRIMERIE D'A. RENÉ ET Cie,
32, rue de Seine.

OBSERVATION DE LA PREMIÈRE ÉDITION.

—

Nous avons composé cet écrit en revenant de Constantinople, après un séjour en Orient de près d'une année. On verra qu'il a été rédigé avant le traité de Londres. Mais, comme ce traité n'enlève rien à la valeur de nos renseignements, nous n'en changerons ni le plan ni la rédaction.

—

OBSERVATION DE LA DEUXIÈME ÉDITION.

—

Nous faisons un second tirage de cet écrit afin de le répandre le plus possible, et d'éclairer de plus en plus la presse et le parlement sur les affaires d'Orient,

qui jusqu'ici n'avaient point été mon
trées dans tout leur jour. Nous nous fé
licitons déjà des améliorations que pré
sente la discussion.

Maintenant que nous avons avert
l'opinion publique, maintenant que nou
avons indiqué le but que se proposen
les puissances signataires du traité de
Londres, nous faisons des vœux pou
qu'elles s'arrêtent dans la voie où elle
viennent d'entrer; nous désirons qu'elle
renoncent à l'accomplissement d'un acte
que la morale des nations, qu'on ne
trompe plus aujourd'hui, réprouve
hautement.

Mais, nous l'avouerons franchement,
nous n'espérons pas que nos vœux se
réalisent.

VRAI POINT DE VUE

DES

AFFAIRES D'ORIENT.

Les affaires d'Orient sont de deux sortes. Il y a la question particulière et les questions générales : la question de l'Egypte avec la Porte-Ottomane, et les questions étrangères.

La plupart des faits relatifs à ces questions sont connus.

Mais ce que l'on ne connaît pas également, ce sont les causes finales de ces faits et les intérêts des Puissances dans ces questions graves et délicates. De là l'incertitude du public sur l'issue probable de ces questions.

Les uns croient que l'empire ottoman va être démembré par l'Angleterre et la Russie, et que surtout la Russie est à la veille de prendre Constantinople ; les autres pensent que les affaires d'Orient pouvaient et peuvent être terminées pacifiquement par les soins de la diplomatie.

La discussion roule là-dessus. Il est probable même que les rapports de la diplomatie ont été faits en vue de l'une ou de l'autre de ces éventualités.

Nous avons d'autres idées, nous qui venons d'observer, et assez longtemps, les lieux, les personnes et les circonstances.

Ainsi, nous allons donner sur les affaires d'Orient des explications vraies et nouvelles, afin que chacun puisse prévoir ce qui adviendra, selon qu'on suivra telle ou telle voie.

L'intention qu'on suppose à la Russie de vouloir prendre Constantinople vient de ce que l'on considère sa conduite passée envers l'empire ottoman comme l'effet d'une politique d'ambition, plutôt que de la considérer comme l'effet d'une politique de nécessité.

De même que l'idée qu'on a de la probabilité d'un arrangement pacifique entre la Porte et Méhémet-Ali provient de ce que l'on ne tient pas suffisamment compte des intérêts étrangers qui s'y opposent.

Occupons-nous d'abord de la politique de la Russie, — celle de l'Angleterre viendra ensuite, — politique que nous qualifierons de politique de nécessité, au lieu de politique d'ambition. Nous prions qu'on veuille bien admettre cette distinction, car elle explique tout le passé et présage tout l'avenir. D'un mot, ensuite, nous dirons pourquoi le différend entre l'Egypte et la Turquie ne se terminera pas pacifiquement, malgré les intérêts de l'islamisme; quel est l'obstacle invincible à une entente amiable. Nous examinerons en même temps les intérêts des diverses puissances dans les affaires d'Orient; ceux de l'Angleterre, et notamment ceux de la France qui sont au premier rang, au lieu d'être secondaires comme l'ont prétendu jusqu'ici beaucoup d'orateurs et d'écrivains qui ont successivement traité les affaires d'Orient.

DES INTÉRÊTS DE LA RUSSIE DANS LES AFFAIRES D'ORIENT.

La Russie, dit-on, a une ambition toute romaine; elle est patiente et tenace. Ses empiètements sur la Turquie sont parfois lents, mais toujours progressifs. Comme le dieu Terme, elle attend, mais ne recule jamais. Enfin, ajoute-t-on, si la Russie hésite, elle n'en est pas moins décidée à jouer le dernier coup pour mettre la main sur Constantinople, éternel objet de sa convoitise.

Telle est, il nous semble, l'opinion qu'on a faite au monde.

Les apparences, nous l'avouerons, justifient cette assertion jusqu'à un certain point : le traité de Kaïnardji, en 1774, qui donna à la Russie avec la Crimée le droit de faire naviguer sa marine marchande dans toutes les mers de la domination turque; le traité de Yassi, en 1792, qui confirma la cession de la Crimée et lui livra le territoire d'Oczakoff pour faire place à la ville d'Odessa; l'insurrection grecque, commencée par les intrigues de Catherine et terminée sous Alexandre; la bataille de Navarin, où la diplomatie russe a eu la rare adresse d'amener la France et l'Angleterre, et surtout la France, protectrice naturelle de l'empire ottoman, à détruire les forces navales de la Turquie; la guerre de 1828 et 1829, que la Russie suscita à la Turquie, peu de mois après justement la ruine de sa flotte, sur un prétexte que lui offrit une faute du sultan, afin de détruire l'armée ottomane, et d'achever ainsi l'affaiblissement de cette nation; le traité d'Andrinople, en 1829, qui lui livra le cours du Danube, deux cents lieues de côtes sur la Mer-Noire, depuis l'embouchure du Koubau jusqu'au fort St-Nicolas, et qui, en outre, la frappa d'une énorme indemnité de guerre, pour qu'elle ne pût de longtemps se relever; tout, dans cette marche, semble annoncer, en effet, un projet d'envahissement. Le traité d'Unquiar-Skelessi, en 1833, qui remet entre ses mains la clef des Dardanelles, en récompense de la protection que, cette fois, elle sembla accorder à la Porte contre Méhémet-Ali, vainqueur à Koniah, vient même encore lui donner un nouveau poids : car, d'après ce traité d'alliance défensif entre la Porte et la Russie, que cette dernière puissance a arraché à la haine du sultan Mahmoud contre Méhémet-Ali, les Russes, le *casus fœderis* arrivant, peuvent, d'une part, occuper Constantinople, et, d'autre part, se rendre maîtres du passage des Dardanelles : c'est-à-dire que, par ce traité, la Russie s'est engagée à mettre une armée à la disposition de la Porte contre quiconque aura la guerre avec elle; et la Porte, en échange, s'est engagée à fermer les Dardanelles à toute puissance quelconque en guerre avec la Russie. Ce qui permet à la Russie, en cas de guerre maritime, de déboucher par le passage des Dardanelles pour atteindre son ennemi dans la Méditerranée, et de lui fermer ce même passage si, à son tour, l'ennemi tentait de la poursuivre dans la mer de Marmara et dans la Mer-Noire.

Nous le répétons donc : les apparences sont en faveur de l'opinion qui croit à la prise de Constantinople (1); et la prise de cette capitale, après les empiètements précédents de la Russie sur la Turquie, serait, en effet, la conséquence de la politique de la Russie, si cette politique était, ainsi qu'on le dit, une politique principalement d'ambition, tandis que, dans notre système, il convient d'admettre, avant tout, qu'elle a été principalement l'effet d'une politique de nécessité.

L'opinion que la conduite du cabinet de St-Pétersbourg, a l'égard de l'empire ottoman, est exclusivement une politique d'ambition, conduit à cette conclusion : comme la France a laissé faire la Russie, comme elle n'a pas détruit ce qu'elle a fait, réparé ce qu'elle a détruit, il n'y a rien à faire dans l'avenir, rien à empêcher désormais, tant que la Russie ne prendra pas Constantinople. Suivant cette doctrine, en un mot, si Constantinople ne passe pas matériellement sous le joug moscovite, nous devrons, un jour, glorifier notre flotte et rendre grâce à Dieu !

(1) Le traité de la quadruple alliance, qui vient d'être signé, semble encore confirmer cette conjecture.

Cette opinion nous semble fatale. Nous venons le démontrer (1).

Notre système, à nous, repose sur d'autres idées, et conduit à d'autres conséquences ; il fixe l'attention sur le véritable danger, au lieu de la fixer sur un danger imaginaire ; l'autre opinion étant le fait, nous le croyons, d'une connaissance imparfaite de l'état des choses.

Nous le disons donc : la conduite de la Russie, à l'égard de l'empire ottoman, est une politique de nécessité. Toute personne qui reconnaîtra que le commerce est le grand principe de la puissance des empires, se ralliera à cette opinion. Pour cela, elle aura deux choses à faire :

La première sera de remarquer qu'une nation, pour être une grande nation commerçante, doit avoir des ports commerciaux et militaires. Alors, on comprendra faciliment que les Russes, qui manquaient de ports, en aient pris aux Turcs qui en possédaient. Là se trouve l'explication des traités de Kaïnardji, d'Yassi et d'Andrinople. Mais cela, à notre avis, n'implique nullement la conséquence de la prise de Constantinople.

La seconde chose à faire sera de remarquer que,

______

(1) C'est cette opinion pent-être qui a causé le traité de la quadruple alliance. La Russie et l'Angleterre ont dit : « Nous ne voulons point partager l'empire ottoman ; nous ne voulons faire qu'un second Navarin contre l'armée de Syrie et la flotte d'Alexandrie, traitons! Car la France ne bougera pas, pourvu que nous ne prenions rien.

pour faire le commerce, il faut des routes sûres; que pour exporter des produits, il faut des débouchés suffisants. Or, qu'on jette les yeux sur une carte géographique, et on verra que la principale route de la Russie, c'est le Bosphore; que son principal débouché, ce sont les Dardanelles. Le Don, le Dniéper, le Proust, le Dniester, le Boug, tous ces fleuves magnifiques et canalisés, vrais artères de l'empire russe, qui viennent se jeter dans la Mer-Noire, après avoir traversé tout son territoire, n'ont pas d'autre issue que ces deux détroits qui ne font qu'une seule route. Et quelle issue!!! QUATRE MILLE navires marchands de diverses nations, ayant servi aux exportations des produits de la Russie, ont passé, en 1839, par le Bosphore et les Dardanelles! Nous l'avons constaté.

Eh bien! cet unique chemin et ce seul débouché, ces deux détroits, qui pouvaient être fermés aux Russes, sont gardés par le canon ottoman; le Bosphore, par le canon de Scutari et de Stamboul; les Dardanelles, par le canon de ses terribles châteaux.

On concevra donc que la Russie, pour qui l'exportation de ses produits est une question de vie et de mort; que la Russie, qui ne peut être réellement grande, riche, prospère et puissante que par son commerce, n'ait pas voulu de cette situation. On concevra, disons-nous, que cette nation, qui pouvait changer cette position fausse, et qu'on a laissée faire, n'ait pas pu vouloir, n'ait pas dû vouloir que le peuple, chez lequel passe sa précieuse route, puisse être assez fort pour la lui fermer à volonté ; elle n'a pas voulu, elle n'a pas dû consentir à avoir, à côté d'elle, un peuple assez puissant pour être le maître de sa grandeur et de sa prospérité. Qu'on se figure, en effet, tout le commerce britannique passant par la Seine, au milieu de Paris, comme le commerce russe passe par le Bosphore ! Quel danger pour l'Angleterre ! quelle situation pour cette nation ! Voilà cependant la position qu'avait la Russie avec le peuple ottoman. La Russie a donc dû affaiblir ce peuple, le rendre impuissant contre elle. Ainsi a-t-elle fait. Voilà l'explication de l'insurrection grecque, de la bataille de Navarin, de la guerre de 1828 et 1829, et de l'énorme indemnité de guerre qu'elle a exigée de cet empire. Voilà la cause de l'affaiblissement de l'empire ottoman. Agir autrement, c'eût été, de la part de la Russie, de la plus grande imprévoyance, du plus insigne aveuglement. C'eût été renoncer au rôle de grande nation.

Mais vouloir l'affaiblissement de l'empire ottoman pour avoir son chemin libre et sûr, cela n'implique pas, non plus, la conséquence de la prise de Constantinople.

L'affaiblissement de l'empire ottoman, voilà donc la politique de la Russie.

Or, cette politique, nous l'appelons une politique de nécessité, au lieu de l'appeler une politique d'ambition. En effet, la Russie, pour être grande, riche, prospère et puissante, devait affaiblir l'empire ottoman, afin d'être sûre de sa route : c'était de la nécessité. Mais cette nation, pour être grande, riche, prospère et puissante, n'a pas besoin de prendre Constantinople : ce serait de l'ambition. Mais, outre que la Russie n'a pas besoin de s'emparer de Constantinople, c'est qu'elle ne pourrait pas garder cette conquête. Ce serait provoquer une guerre contre tout le monde, et une guerre maritime ; or elle ne veut pas de guerre contre tout le monde et elle n'est point encore en mesure de soutenir une guerre maritime importante. Ce serait donc une folie que de prendre Constantinople pour la rendre. Eh bien ! la Russie ne faisant pas de folie, ne prendra pas Constantinople. Elle a fait mieux que cela, on le voit : elle s'est assuré sa route, elle s'est assuré les passages du Bosphore et des Dardannelles sans guerre générale ; elle a détruit les forces ottomanes sans qu'on puisse exiger d'elle qu'elle les rétablisse. La force, en effet, fait rendre une capitale envahie ; mais la force ne fait pas ressusciter une armée et une flotte quand elles ont été détruites. La Russie a fait de l'empire ottoman tout ce qu'elle a voulu ; elle veut que cet empire soit faible, elle veut y conserver son influence toute-puissante, mais elle n'en veut rien faire de plus.

En développant notre système, loin d'avoir voulu atténuer le mal, diminuer la gravité des circonstances, nous avons voulu au contraire en montrer toute la grandeur, nous dirons toute l'énormité. Car une politique d'ambition peut se modifier, s'arrêter, changer de but ou d'objet ; mais une politique

de nécessité est inflexible, elle ne change jamais ;
elle est donc, par cela même, plus formidable.

A une telle politique de nécessité, il n'y a qu'une
autre nécessité également inflexible à opposer, la
nécessité du maintien de l'équilibre politique.

L'EMPIRE OTTOMAN NE SE RELÈVERA PAS SANS L'APPUI
DE MÉHÉMET-ALI OU SANS UNE INTERVENTION ÉTRAN-
GÈRE.

Une autre conséquence à tirer du point de vue où
nous place l'opinion que nous soutenons, c'est que
l'empire ottoman ne se relèvera pas, comme nation
indépendante et forte, sans l'appui de Méhémet-
Ali ou sans une intervention étrangère. Pro-
phétie terrible, mais vraie et certaine ; car le
motif qui a causé son affaiblissement sera éter-
nellement le même. La nécessité pèsera désormais
comme un joug de plomb sur l'empire ottoman.
Cette nécessité, qui l'a affaibli, sera toujours là
pour l'empêcher de se relever. Nous le répétons
encore : la Russie ne peut pas être grande, riche,
prospère et puissante sans une sécurité absolue sur le
Bosphore. Pour cela il faut que la Turquie soit faible.
La Turquie forte, la Turquie pouvant fermer le Bosphore à la Russie, la Russie n'a plus l'allure d'une
grande nation. Or la Russie veut être une grande
nation ; elle jette, dans ce but, en ce moment, les
bases du plus grand système commercial continental possible ; elle ne permettra donc pas que l'empire ottoman se relève. Quand il y a eu danger pour

elle à abattre l'empire ottoman, elle l'a abattu; à présent qu'il est abattu, et qu'elle est maîtresse, si on la laisse faire, d'empêcher qu'il ne se relève, il ne se relèvera pas. Lui demander le contraire, ce serait lui demander de se suicider elle-même.

Cette puissance, d'ailleurs, pour affaiblir l'empire ottoman, emploie tous les moyens. Quand elle n'emploie pas la guerre dans ce malheureux pays, où sa diplomatie est toute-puissante, elle emploie l'intrigue, ce dissolvant infaillible; à la guerre ouverte elle fait succéder les menées sourdes de la paix. Empêcher le bien avec l'air de le favoriser; porter le désordre dans tous les services publics, avec l'apparence de prêter la main au progrès; corrompre ou intimider les hommes de bien dévoués à leur pays, les renverser par la calomnie et par des rapports adroits; faire jouer tous les fils et souffler tous les rôles, sans qu'on s'en doute, telle est la tactique persévérante qu'emploie, en silence, la diplomatie russe à Constantinople. Afin d'atteindre ce but, elle a pour auxiliaires une légion d'actifs espions, et pour armée l'intéressante population grecque qu'elle égare; population vaincue, qu'elle protége contre les Turcs, et qu'elle dirige, comme elle veut, par les liens puissants de la reconnaissance et par ceux d'une religion commune dont le czar de Russie est le grand pontife. La force et la ruse sont donc les leviers à l'aide desquels la Russie comprime ou dirige l'empire ottoman.

Cette même politique de nécessité la pousse maintenant contre Méhémet-Ali, sous prétexte de vouloir protéger la Turquie.

LA DIPLOMATIE ÉTAIT ET EST IMPUISSANTE POUR TERMINER PACIFIQUEMENT LE DIFFÉREND ENTRE L'ÉGYPTE ET LA TURQUIE.

La troisième conséquence qu'entraîne la politique de nécessité de la Russie, c'est que, sous aucun rapport, le différend entre la Turquie et l'Égypte ne pouvait ni ne peut se terminer pacifiquement.

Sous le premier rapport, en effet, le lecteur voit tout d'abord que si ce différend était terminé pacifiquement, il naîtrait de suite un empire musulman, fort, pouvant être opposé, au besoin, à la Russie ; empire qui aurait une armée puissante, l'armée d'Ibrahim-Pacha, et une flotte formidable, la flotte d'Alexandrie. Alors, l'avenir de la Russie serait à la merci des musulmans, car les musulmans pourraient lui fermer le Bosphore et les Dardanelles. Ils le pourraient, malgré toute stipulation diplomatique contraire ; les traités n'étant pas, en réalité, des garanties suffisamment sérieuses. Or un tel état de choses est trop contraire aux intérêts de la Russie pour qu'elle y puisse adhérer.

Sous le second rapport, le cabinet de Saint-Pétersbourg empêchera encore, qu'on n'en doute pas, tout arrangement pacifique quelconque, bien que cet arrangement n'entraînât aucun traité d'alliance offensif et défensif, parce que la Porte, c'est un fait avéré, quelle que soit l'apparence d'indépendance qu'elle essaie parfois de montrer, pour donner le change, dans certains cas, à l'opinion publique, fait ce que veut, tout ce que veut, rien que ce que veut la Russie. Et Saint-Pétersbourg ne veut pas absolument que Méhémet-Ali possède la Syrie, attendu que Méhémet-Ali, avec l'Égypte et la Syrie, est un souverain puissant, qui peut en dix jours, partant du Taurus, avec son armée, fermer le Bosphore, pendant que, d'un autre côté, il peut aller d'Alexandrie, en peu de jours, avec sa flotte, bloquer le débouché des Dardanelles. Dans l'espèce même, la Porte se gardera, d'autant plus, de tout arrangement particulier avec l'Égypte, que l'Angleterre, de son côté, lui dit également de ne rien conclure. On verra plus loin pourquoi.

Quant à la Russie, la situation actuelle des choses est déjà intolérable pour elle. Aussi n'hésitons-nous pas à le dire : à l'instant où nous écrivons, l'armée d'Ibrahim-Pacha, derrière le Taurus, menaçant Constantinople, et la flotte d'Alexandrie menaçant le débouché des Dardanelles, portent l'épouvante à la cour de Saint-Pétersbourg. Les tentatives et les actes de M. Brunow à Londres le prouvent suffisamment (1). A toutes les époques, ce sont les plus inquiets qui s'agitent le plus.

Il y a bien longtemps, nous le croyons, que la Russie aurait voulu que l'Angleterre se chargeât de

____

(1) Le traité de la quadruple alliance ne permet pas d'en

détruire la flotte d'Alexandrie, pour se charger
elle, de détruire l'armée de Syrie. Mais l'Angleterre
à cause de la France, n'a pas osé ou n'osera pas s
risquer (1).

Actuellement, avant de finir ce chapitre, arrivons
une circonstance qui réclame la plus haute attention

On a dit avec raison, à la tribune française, au
commencement de la dernière session, et on a répét
depuis, que les Russes pouvaient arriver à Constantinople avant Méhémet-Ali, attendu qu'ils avaient
à Sébastopol, des marins casernés, et une flott
toujours prête qui pouvait les porter, en trois jours
sur le Bosphore. Cela est vrai ; mais une chose
laquelle on n'a pas fait attention, c'est qu'ils ne peu
vent pas venir, en trois jours, en assez grand nom-
bre pour empêcher Ibrahim-Pacha de prendre réellement Constantinople en dix jours, qu'une armée
russe, complète, ne pourrait lui disputer, avec
chance de succès, qu'un mois après peut-être. Voilà
la vérité (2).

MÉHÉMET-ALI NE RENONCERA PAS A LA SYRIE.

La question entre le sultan et Méhémet-Ali est un
question de guerre civile, une question entre suze-
rain et vassal. Méhémet-Ali, par suite de la faiblesse d

(1) Le traité de Londres semble dire qu'elle a osé.

(2) Mais alors l'armée russe pourrait bien trouver un tombea
là où elle espère trouver une victoire ; car si on vient en troi
jours de Sébastopol à Constantinople, à cause des vents du nord
on ne retourne pas en trois jours de Constantinople à Sébastopol
précisément à cause des mêmes vents.

l'empire ottoman, se trouve maître de l'Égypte, de la Syrie, de Candie et du pachalik d'Adana. Diverses circonstances, toutefois, lui donnent des droits sur ces possessions, notamment les droits de la guerre et de la victoire. Nous ne les examinerons pas. Nous constaterons seulement ce qui suit : que Méhémet-Ali est maître de ces possessions, qui appartenaient autrefois à l'empire ottoman; que le sultan, loin de pouvoir les reprendre à son vassal, est, au contraire, dans l'impuissance de les gouverner, et entièrement à la discrétion du pacha depuis, surtout, la bataille de Nézib et la défection de la flotte ottomane qui s'est réunie à la flotte égyptienne; que Méhémet-Ali demande l'hérédité de ces possessions et le Taurus pour frontière, moyennant quoi il deviendra, au besoin, le défenseur de l'empire; que les puissances européennes, dans des vues diverses, ont négocié sur ce différend entre l'Égypte et la Turquie, sans permettre que ces deux nations règlent, seules entre elles, leurs intérêts respectifs. Voilà les faits.

Maintenant, on demande si Méhémet-Ali se relâchera dans ses prétentions? Nous répondrons que nous ne le pensons pas. Il ne se relâchera pas, non pas par entêtement, mais par nécessité, mais parcequ'il ne peut pas se relâcher sans se perdre. Le pacha sans la Syrie ne peut entretenir ni armée ni flotte. Il n'est plus une puissance. On lui ferait un traité, avec toutes les stipulations diplomatiques possibles, que, malgré cela, le lendemain du traité, ou dix ans après, ce qui, en politique, est la même chose, la Turquie ou l'Angleterre chasserait sa dynastie comme usurpatrice.

Méhémet-Ali le sait. Il voit que sa puissance est dans son armée et dans ses flottes, qui font seules son droit et sa légitimité. Et son armée et ses flottes, nous le répétons, ne peuvent être entretenues et nourries que par l'Egypte et la Syrie réunies. D'ailleurs, les musulmans ne croient à la puissance des traités que lorsqu'ils peuvent les défendre par la puissance du sabre. Dans le fait, y a-t-il eu jamais malheureusement dans le monde une souveraineté qui ne s'appuyât pas sur la force !

Méhémet-Ali ne cédera donc pas. Nous disons plus : il n'est pas maître de céder la Syrie qu'Ibrahim-Pacha a conquise et qu'il regarde comme son héritage.

INTÉRÊTS DE L'ANGLETERRE DANS LES AFFAIRES D'ORIENT.

Depuis l'établissement de la navigation à la vapeur dans la Méditerranée, la correspondance anglaise et la plupart des voyageurs anglais qui vont dans l'Inde, passent par Alexandrie et Suez pour aller à Bombay, au lieu de faire, comme autrefois, l'énorme circuit du cap de Bonne-Espérance. Ce nouveau trajet, par la France et la Méditerranée, s'opère en trente-six jours, au moyen des paquebots français, de la navigation du Nil et de la ligne de vapeur anglaise établie sur la mer Rouge entre Suez et Bombay. Cette route, que suivait l'ancien monde, avant la découverte du cap de Bonne-Espérance, est devenue aujourd'hui, depuis la découverte de la vapeur, du plus grand prix pour l'Angleterre. L'Angleterre donc, qui disputa l'Egypte à Napoléon, qui plus tard s'en empara, en 1807, pour être obligée bientôt de la rendre, voit avec regret, avec envie, une puissance réelle, productive et militaire, une puissance qui peut forcer à compter avec elle, s'élever sur les bords du Nil en s'appuyant sur l'Euphrate. L'Angleterre, enfin, qui voudrait, au besoin, avoir garnison à Alexandrie et à Suez, est contre l'établissement de Méhémet-Ali. Elle consentirait probablement à voir en Egypte un prince faible, soumis à son influence, mais elle ne peut vouloir d'un prince possédant l'Egypte et la Syrie, assez fort pour lui fermer à son gré cette route importante. Son intérêt est à Suez ce que l'intérêt de la Russie est sur le Bosphore; avec cette différence cependant, que cet intérêt n'est pas vital pour l'Angleterre, et qu'il est capital pour la Russie. Qui oserait dire, en effet, que la faiblesse de l'Egypte soit indispensable à la grandeur de l'Angleterre!

L'intérêt de l'Angleterre sur le Bosphore est aussi d'une grande importance. Le Bosphore peut être pour elle une troisième route pour l'Inde par la Mer-Noire, la Caspienne, l'Oxus et l'Indus; il lui sert de débouché pour son commerce avec la Turquie et avec la Perse; il lui sert de barrière pour les îles Ioniennes; enfin cet intérêt est d'un ordre supérieur touchant l'équilibre politique.

Cependant l'intérêt de l'Angleterre sur le Bosphore est secondaire, tandis que l'intérêt de la France sur ce point est capital. C'est ce qu'on verra clairement dans l'examen auquel nous allons nous livrer.

DES INTÉRÊTS DE LA FRANCE DANS LES AFFAIRES D'ORIENT.

Nous avons dit et nous répétons que l'Angleterre avait moins d'intérêt que nous dans la question du Bosphore, soit sous le point de vue commercial, soit sous le point de vue politique ; tandis que pour la France cet intérêt, également secondaire, il est vrai, sous le rapport commercial, est capital sous le rapport politique. C'est encore là une face des affaires d'Orient qui a été négligée, et même inaperçue par les publicistes qui ont écrit jusqu'ici sur ce sujet.

Nous avons prouvé combien le colosse russe était faible au Bosphore et aux Dardanelles, puisque nous avons fait voir que Méhémet-Ali, tout petit prince qu'il est, portait l'épouvante à la cour de Saint-Pétersbourg, par la possibilité qu'il a de fermer le Bosphore et de bloquer les Dardanelles, mesure qui porterait une perturbation épouvantable dans l'empire russe, qui jadis fut plus ébranlé par le contre-coup du blocus continental sur son commerce, qu'il ne le fut par l'incendie de Moscou (1). Eh bien! si

(1) Il y a des nobles russes qui n'ont point encore achevé de payer des dettes qu'ils ont été obligés de contracter par suite des exigences du système continental, auquel l'empereur Alexandre renonça, non par perfidie contre l'empereur Napoléon, mais par nécessité.

Méhémet-Ali a le pouvoir de bloquer le débouché des Dardanelles, de faire, à lui seul, contre la Russie, si l'Angleterre ne la protégeait pas, ce que Napoléon, avec tout le continent, n'a pas pu faire contre l'Angleterre, à plus forte raison la France, bien autrement puissante et formidable par sa marine, peut-elle atteindre la Russie dans son commerce par le blocus du débouché des Dardanelles.

Ce point si vulnérable pour la Russie est justement ce qui constitue l'équilibre européen. En voici la raison. Cette nation est toute-puissante sur le continent, puisqu'elle y est inattaquable. La France, contre qui elle peut beaucoup, n'y peut rien contre elle. La campagne de 1812, si fatale à la grande armée et à son immortel général, l'a suffisamment prouvé. Mais la Russie, si forte sur le continent, est de la plus grande faiblesse aux Dardanelles. C'est là que la France peut l'atteindre et la frapper au cœur. Voilà la haute question d'équilibre.

Maintenant, changez la situation : que la Russie, puissante sur le continent, cesse d'être faible aux Dardanelles, la France ne peut plus rien contre cet empire. Or, si un jour nous ne pouvons rien contre la Russie, il est évident qu'un jour la Russie pourra tout contre nous. La France alors fléchira sous les volontés de l'autocrate, et c'en sera fait de l'indépendance et de la liberté de l'Europe continentale. Aujourd'hui deux puissances occupent le premier rang dans le monde : la France et l'Angleterre. Mais le jour où la Russie ne nous craindra plus aux Dar-

danelles, les deux puissances qui occuperont le premier rang seront l'Angleterre et la Russie ; car, ce
jour-là, la France ne sera plus qu'une puissance
secondaire (1). Voilà le vrai danger. Voilà la
haute question d'équilibre dans toute son énergie!
Voilà aussi pourquoi l'empire ottoman fort est un
boulevart pour la France! Voilà pourquoi il faut
reconstruire cet empire avec l'appui de Méhémet-Ali!

Mais qu'on ne s'y trompe pas : la Russie marche
vers le but suprême que nous venons de signaler; elle
l'atteindra si on la laisse faire. Il ne lui faut pour cela
que quelques délais encore, et quelques vaisseaux de
plus. On a laissé abattre l'empire ottoman ; qu'on
laisse à présent écraser Méhémet-Ali, et ce ne
sera plus qu'une question de temps et d'argent,
que l'avenir pourra résoudre affirmativement.

Ce moment, nous le savons, n'est pas venu. Il ne
viendra pas, il faut l'espérer (2). Car si la Russie
augmente tous les ans sa marine, nous saurons aussi
ajouter des vaisseaux à nos flottes. Nous joindrons
également l'habileté à la force, et si les Grecs sont
nombreux à Constantinople, nous n'oublierons pas
que l'immense majorité de la population arménienne
est catholique comme nous. On le voit donc : la
question du Bosphore est la plus capitale de toutes

---

(1) On ne comprend pas que M. de Lamartine appelle une
guerre qui pourrait empêcher un tel résultat, une guerre sans
cause et sans but.

(2) Le traité de Londres peut le rapprocher. L'heure fatale
est près de sonner.

les questions. La question de nos frontières natu-
relles, la question belge n'ont peut-être jamais eu
cette importance! Nous adjurons notre pays d'en
faire l'objet de ses plus vives sollicitudes.

Il importe que nous fassions remarquer qu'il ré-
sulte de l'examen auquel nous venons de nous livrer
que la question du Bosphore, autrement dite des
Dardanelles, intéresse plus la France que l'Angleterre. Il est évident que l'Angleterre, elle, quoi
qu'il arrive, ne cessera jamais, par le bonheur de
sa position insulaire, d'être une puissance de premier ordre.

Quant à la question de commerce qui s'est effacée
devant la question politique, elle a pour nous le
même intérêt que pour l'Angleterre. La France,
comme l'Angleterre, envoie ses produits en Turquie
et en Perse.

Toutefois, nous demandons qu'on ne se méprenne
point sur les paroles que nous venons de consigner
dans cet écrit. Nous ne sommes point hostiles à la
Russie, nous ne prétendons pas qu'elle s'arrête dans
la voie de progrès industriel, de richesse et de civi-
lisation qu'elle s'est ouverte. Non! qu'elle entre, loin
de là, en concurrence d'échanges et de produits avec
les nations les plus industrielles sur tous les marchés
de l'univers; qu'elle s'enrichisse et qu'elle nous enrichisse par son commerce, voilà ce que nous désirons,
voilà les vœux que nous formons pour elle et pour
nous.

Mais ce que nous voulons, ce qui importe absolument, c'est que la France, en cas de guerre, soit toujours forte aux Dardanelles, et que la Russie y soit toujours faible, parceque, si nous avons proclamé que la politique passée de la Russie sur le Bosphore a été jusqu'à présent une politique de nécessité, nous n'avons pas prétendu dire que cette politique ne fût à la veille de se transformer. Nous croyons plutôt que la politique d'ambition ne tardera pas à se montrer avec la réserve néanmoins que Constantinople restera sauve; nous croyons enfin que la Russie, après s'être assuré la libre navigation du Bosphore et des Dardanelles contre les Turcs, voudra bientôt protéger sa marine marchande contre toute grande nation quelconque, au moyen d'une puissante marine militaire dans la Méditerranée, et même voudra y devenir prépondérante. Elle aspire, nous n'en doutons pas, à devenir la rivale de l'Angleterre et de la France dans cette mer, et surtout à n'y plus redouter la France.

En Egypte, l'intérêt que nous avons à voir se consolider sur le Nil la puissance de Méhémet-Ali est très important, quoiqu'il ne soit pas capital. D'abord l'état nouveau égyptien ayant pour ennemis naturels la Russie et l'Angleterre, est naturellement l'allié de la France. Cette alliance nous garantit, au moins en Egypte et en Syrie, des avantages commerciaux égaux à ceux des autres puissances. Ensuite notre opulente cité de Marseille fait avec Alexandrie un grand commerce de coton et d'indigo que l'Angleterre, déjà si jalouse que Paris soit plus près que Londres de Suez et de Bombay, envie encore. Enfin il faudrait des héritiers à Méhémet-Ali, s'il était chassé de l'Égypte. Or, nous le demandons, ne serait-il pas funeste pour la France de voir l'Angleterre, qui possède déjà dans la Méditerranée Gibraltar, Malte et Corfou, s'emparer aussi de l'Égypte? ou, ce qui est la même chose, y tenir garnison, ou bien encore y posséder un droit de passage militaire, comme lord Palmerston l'avait sollicité et obtenu du sultan Mahmout. Ce prince a avoué ingénûment ce dernier fait dans le manifeste qu'il lança en 1839 contre le pacha d'Égypte.

Sur ce point, il faut bien le dire encore, le pays n'a point été non plus suffisamment éclairé. Aussi espère-t-on que les cabinets de Saint-James et des Tuileries pourront encore s'entendre sur cette question. Mais cette espérance, quelque plausible qu'elle soit, hâtons-nous de le faire observer, ne se réalisera pas. L'Angleterre n'a pas essayé encore de brûler la flotte d'Alexandrie qu'elle a voulu brûler l'année dernière, que la Russie a voulu lui faire brûler plus récemment, et que la France lui a empêché de brûler, soit parceque l'Angleterre hésite à rompre avec nous, soit parcequ'elle ignore l'attitude que notre flotte prendrait contre sa flotte si elle faisait une semblable tentative. Mais, soit que l'Angleterre ait retardé à rompre avec nous, soit qu'elle ait redouté une guerre maritime avec Méhémet-Ali qui pourrait avoir la France pour alliée, le dissentiment entre les deux pays à cet égard n'en est pas moins profond et radical, quoique du reste on soit d'accord sur d'aûtres questions. Néanmoins, qu'on le sache bien, l'Angleterre tient moins à notre alliance qu'elle ne tient à empêcher l'établissement nouveau égyptien (1). Toutefois son hostilité contre cet état nouveau n'a pas le caractère de l'hostilité de la Russie. Cet état n'est pas aussi menaçant pour elle qu'il l'est pour la Russie. Le danger qu'il présente à l'une et à l'autre puissance n'est pas d'une égale gravité : il est capital pour la Russie ; il n'est que secondaire pour l'Angleterre. La Russie en est effrayée, l'Angleterre en est à peine émue. L'Angleterre peut tolérer un an, dix ans, la situation actuelle de l'Égypte et de la Syrie, mais elle ne peut reconnaître ce nouveau royaume; elle ne peut pas signer de traité pour le consacrer. Elle peut laisser aller momentanément les affaires, elle peut reculer devant une guerre générale. Mais, nous le croyons du moins, c'est vainement qu'on lui a parlé et qu'on lui parlera de la question du Bosphore pour lui faire détourner les yeux de dessus la question de Suez. La question du Bosphore, nous l'avons vu, est capitale pour nous et secondaire pour elle. L'Angleterre, elle, ne peut jamais cesser d'être une puissance du premier ordre; elle n'est pas pressée, elle, par la Russie, comme la France l'est sur le continent. Leur antagonisme dans la Haute-Asie n'a plus la même violence ici; et puis l'Angleterre est bien capable un jour, en temps opportun, d'aller brûler les flottes russes, qu'elle ne craint pas encore,

(1) Le traité de la quadruple alliance en est la preuve.

dans les ports mêmes de la Mer-Noire et de la Baltique.

Il faut donc le reconnaître, s'il est impossible d'obtenir de St.-Pétersbourg un concours pour la signature d'un traité qui reconnaisse les prétentions de Méhémet-Ali, comme cela importe à l'honneur et aux intérêts de la France, il est également tout-à-fait improbable que le cabinet de St.-James adhère à un traité ayant le même but (1).

MOYEN DE RÉTABLIR L'ÉQUILIBRE EUROPÉEN ET DE TERMINER LE DIFFÉREND ENTRE L'ÉGYPTE ET LA TURQUIE.

Pour rendre la force à l'empire ottoman si nécessaire à l'équilibre européen, équilibre auquel la Russie a porté atteinte en affaiblissant cet empire, et pour arranger le différend entre l'Égypte et la Turquie, que la diplomatie n'arrangera pas, voici, nous le pensons, la politique qu'il faut suivre.

Il faut laisser Ibrahim-Pacha libre de marcher sur Constantinople. Il faut ne plus arrêter sa marche triomphale à laquelle la Porte ne peut opposer qu'une faible résistance.

Méhémet-Ali à Constantinople, ou même à Scutari, il se forme à l'instant un *empire musulman* qui a une armée puissante, l'armée d'Ibrahim-Pacha, et une flotte formidable, la flotte d'Alexandrie (ce qui est le seul intérêt et l'unique vœu de la France;

(1) Il faut se rappeler que cet écrit a été composé il y a quelque temps, et que nous n'y faisons pas de changement.

car la vraie question pour nous c'est la reconstruction de l'empire ottoman plutôt que la création d'une dynastie égyptienne). Cela fait, l'équilibre européen est assuré et rétabli; et le différend entre l'Égypte et la Turquie se termine par un traité qui garantit l'établissement de la dynastie de Méhémet-Ali en Égypte et en Syrie; le canon étant plus décisif que le plus habile des négociateurs.

Les résultats que nous annonçons sont inévitables, et les Russes seraient impuissants à les prévenir. C'est un fait reconnu que toutes les sympathies musulmanes sont pour Méhémet-Ali. L'affaire de Nézib et l'affaire de la flotte ottomane le prouvent surabondamment. En effet, tous les musulmans qui raisonnent comprennent que Méhémet-Ali satisfait devient le défenseur et le soutien obligé du sultan et de l'empire contre la Russie ou contre toute autre ambition. Le vice-roi n'a pour ennemis, à Constantinople, que le divan et le ministère, ennemis qui disparaîtront avec sa présence dans cette capitale.

Cette conséquence, une victoire, ni plusieurs victoires en Syrie ne peuvent l'amener. Voyez Koniah et Nézib! Aussi le plus sûr moyen pour Méhémet-Ali d'obtenir le traité qui doit consacrer ses droits, c'est d'aller le chercher. Au reste, tout est à gagner par ce moyen : car Ibrahim-Pacha en Syrie, qu'on le sache bien, n'est pas Ibrahim-Pacha à Constantinople. La position n'est plus la même. Il n'y a rien à craindre pour lui à Constantinople, il y a tout à redouter pour lui derrière le Taurus. Ibrahim-Pacha à Constantinople a devant lui le Bosphore, derrière lui l'empire musulman, à côté de lui la France, car il nous ouvre les Dardanelles. Ibrahim-Pacha en Syrie n'a rien devant lui, rien derrière lui, rien à côté de lui. Le sort de l'empire ottoman dépend ainsi d'une bataille, et de quelle bataille encore! d'une bataille où l'épée de la France, les Dardanelles étant fermées, ne sera point tirée! Cette bataille perdue, il n'y aura plus d'empire musulman de possible, car Méhémet-Ali n'a qu'une armée, et il ne pourra pas en faire une seconde. Qui réparera alors ce malheur irréparable? Personne! les morts ne reviennent pas. Voilà ce que nous avons dû montrer.

Mais, dira-t-on, aussitôt qu'Ibrahim-Pacha franchira le Taurus, les puissances, d'après des mesures déjà arrêtées, sans doute, marcheront également sur l'empire ottoman. Cette hypothèse est vraisemblable, mais il est possible aussi qu'elles ne marchent pas (1). Le succès

(1) L'Angleterre, en réalité, ne veut pas de guerre générale. Elle comprend qu'elle joue trop gros jeu en plaçant sa flotte entre la flotte d'Alexandrie et la flotte française. L'Autriche n'en veut pas non plus. Le destin, qui pousse si fatalement la Russie contre l'empire ottoman, a pu seul, en ce moment, entraîner l'Angleterre. Et l'Autriche, dont le traité de la quadruple alliance blesse les intérêts, ne s'est décidée à signer ce traité que par la crainte de voir la France courir aux armes. L'Angleterre, voyant la Russie inflexible comme le destin qui l'inspire, consent à marcher avec elle, parcequ'il lui convient mieux de marcher avec elle que si la Russie marchait sans elle ;

peut déranger toutes les prévisions; car alors, l'empir[e]
ottoman, loin d'être affaibli, se trouverait plus for[t]
qne jamais sous l'influence d'un grand homme. Et s'i[l]
arrivait que l'islamisme proclamât Méhémet-Ali so[n]
unique sauveur, le véritable appui du sultan., qu[i]
pourrait dire encore qu'il faut détrôner Méhémet[-]
Ali dans l'intérêt de l'empire ottoman? Qui pourrai[t]
dire encore combien de nouveaux motifs pourraien[t]
changer la politique respective de l'Angleterre et d[e]
la Russie? Et jusque-là, la France peut se trouve[r]
hors de tout danger d'une guerre générale; il lu[i]
suffit d'être prête et de voir venir (1).

c'est évident. Mais il reste à savoir si la crainte d'une guerr[e]
décidément européenne n'arrêterait pas provisoirement l'A[n-]
gleterre. Il en est de même de l'Autriche. Cette puissance e[st]
entrée dans l'alliance pour le cas où la France ferait la guerr[e]
mais aussi pour concourir à l'empécher de la faire. Voilà le fon[d]
des choses.

(1) On comprend ce que nous entendons par ces mots : « Vo[ir]
venir, » nous qui ne croyons pas, à part le passage que l'Angl[e-]
terre veut prendre à Suez, à la politique de partage. Ce qu[e]
nous voulons, c'est qu'on empéche, si cela est possible, u[n]
Navarin contre l'armée de Syrie et contre la flotte d'Alexa[n-]
drie : contre Méhémet-Ali, enfin, la dernière force de l'isl[a-]
misme. Ce qui est l'unique but du traité de Londres et la seu[le]
éventualité à redouter.

POST-SCRIPTUM DE LA DEUXIÈME ÉDITION.

Nous persistons à penser, malgré l'offre que fait en ce moment Méhémet-Ali à la Porte-Ottomane de se contenter de l'Égypte *héréditairement* et de la Syrie *viagèrement*, qu'aucun traité amiable n'interviendra dans les affaires d'Orient ; et cela, d'après les explications contenues dans cette brochure. Nous le répétons, les motifs de la Russie pour détruire Méhémet-Ali, pour s'opposer à tout accord entre le sultan et le pacha sont si puissants, que le czar empêchera, à tout prix, toute entente amiable. Pour qui comprend les hauts intérêts de la politique et les profondes manœuvres de la diplomatie, l'insinuation de l'ambassadeur d'Autriche à notre ambassadeur, au nom des puissances, de concéder à Méhémet-Ali la Syrie *viagèrement*, ne fut jamais sérieuse. Ce fut une habile tactique employée pour tromper et entraîner l'Autriche et la Prusse. On a voulu leur faire croire que la France voulait absolument une guerre que celle-ci au contraire veut absolument éviter ; on a voulu, en même temps, nous mettre dans notre tort. Qu'on ne se méprenne donc point sur cette offre ; on se réservait bien de ne jamais la réaliser. Le résultat l'a prouvé.

L'avenir, au surplus, fera voir la justesse de nos assertions. Méhémet-Ali ne s'est pas trompé sur la réalité de cette proposition ; il ne s'y trompe pas davantage aujourd'hui, quel que soit le langage qu'il vienne de faire entendre. La conduite qu'il tient, il devait la tenir afin de ne point avoir la responsabilité des événements qui se préparent en Orient. Mais, quoiqu'il dise le contraire, il est trop bon politique pour ne pas savoir que le sultan ne lui accordera pas l'Égypte *héréditairement* et la Syrie *viagèrement*. L'obstacle invincible à tout arrangement, c'est la Russie. La Russie ne veut pas de Méhémet-Ali en Syrie (1) ; la Russie ne veut pas que la Porte s'entende avec un vassal puissant, qu'elle redoute comme le plus puissant appui possible de l'empire ottoman dont elle veut l'éternel affaiblis-

____

(1) Comment M. de Lamartine a-t-il pu penser que la Russie, qui ne veut pas concéder la Syrie à Méhémet-Ali, pût la concéder à la France ?

sement. Méhémet-Ali est une force dont on veut la destruction. Comment donc croire qu'on tolérera un arrangement quelconque, qui pourrait consolider cette force ! Non. La Russie veut faire la guerre en Orient ; elle la fera.   M. C.

www.ingramcontent.com/pod-product-compliance
Lightning Source LLC
Chambersburg PA
CBHW051321060726
47596CB00004B/1420